AF245866

CANTIQUES

DE

LA PAROISSE SAINT-AUGUSTIN

TIRÉS

DE DIVERS RECUEILS ALLEMANDS,

DESTINÉS A SERVIR

de Supplément aux Manuels des Catéchismes, des
Confréries, des Associations d'hommes,
aux Mois de Marie, etc.

PARIS,

A LA SACRISTIE DE SAINT-AUGUSTIN,

rue de la Pépinière, 24, et rue de Laborde, 11.

1850

CANTIQUES

DE

LA PAROISSE SAINT-AUGUSTIN.

IMPRIMERIE BAILLY, DIVRY ET Cᵉ,
PLACE SORBONNE, 2.

CANTIQUES

DE

LA PAROISSE SAINT-AUGUSTIN

TIRÉS

DE DIVERS RECUEILS ALLEMANDS,

DESTINÉS A SERVIR

de Supplément aux Manuels des Catéchismes, des
Confréries, des Associations d'hommes,
aux Mois de Marie, etc.

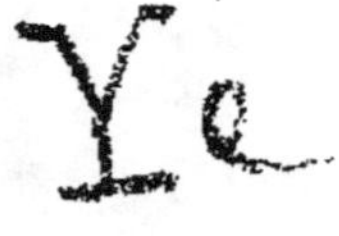

PABIS,

A LA SACRISTIE DE SAINT-AUGUSTIN,

rue de la Pépinière, 24, et rue de Laborde, 11.

1880

PREMIERE PARTIE.

—

MESSES.

Il est plus convenable de chanter pendant la sainte Messe les proses, les hymnes, les antiennes de l'office admirable du Saint-Sacrement. Si les circonstances exigent que l'on chante des cantiques, l'on pourra se servir de ceux qui suivent, dont la musique et les paroles rappellent notre sainte liturgie, dans l'ordre suivant : au commencement de la messe, à l'offertoire, après l'élévation, à la communion des fidèles, au dernier évangile. L'orgue doit jouer dans les intervalles et se taire après l'évangile, à cause de l'homélie.

———

Messe des Dimanches.

LE JOUR DU SEIGNEUR.

Paroles tirées d'un cantique allemand; musique de Breidenstein, p. 17.

Salut, jour béni !
Aux premiers feux de ton aurore,
Chacun de nous adore,
De Dieu, l'être infini ;
Rappelant la mémoire
De ses dons, de sa gloire,
Chacun rend au Seigneur
Un tendre et doux honneur.

Salut, jour divin !
Au repos le ciel nous invite ;

Allons, que chacun quitte
Le travail et le gain;
Prenons soin de notre âme…
Et de sa vive flamme,
Que Dieu jette, en nos cœurs,
Ses célestes ardeurs.

En ce jour prédit,
Pour nous, de Dieu, l'agneau s'immole;
Pour nous, de sa parole,
Le saint lieu retentit.
Venons, venons en frères,
Vénérer les mystères
Du Dieu qui, par sa mort,
A changé notre sort.

COMPASSION DE LA SAINTE VIERGE.

aroles tirées d'un cantique allemand; musique de Breidenstein, p. 24.

O Vierge sainte, ô notre Mère!
Nous voici près de vous,
Sur la montagne solitaire,
Où Jésus meurt pour nous.

Qui pourrait dire votre peine,
Vos soupirs et vos pleurs?
Est-il donc un cœur qui ne saigne
En voyant vos douleurs?

Ah! vous partagez le supplice
De votre Fils chéri;
Pour consommer le sacrifice,
Vous restez près de lui.

Du ciel où vous brillez, ô Reine!
Sur nous jetez les yeux;
Que votre amour un jour nous mène
Près de vous, dans les cieux!

LA PRÉSENCE RÉELLE DE N.-S. JÉSUS-CHRIST DANS L'EUCHARISTIE.

Paroles tirées d'un cantique allemand ; musique de Glaser, p. 45.

Seigneur, rien ne surpasse
Le trésor de la foi :
Qui croit à votre grâce
De l'univers est roi.
Sous les humbles espèces
Il reconnaît son Dieu,
Et Dieu de ses tendresses
Remplit son cœur pieux.

Comme au sein de Marie
Jésus s'est incarné,
Il croit que sous l'hostie
Le Seigneur est caché.
Il croit à ce mystère
Du tendre et doux Sauveur,
Docile à la prière
Dont lui-même est l'auteur.

Il croit à la puissance
De ce Dieu bienfaisant,
Par qui le monde immense
Fut tiré du néant ;
Il croit à la tendresse
Du Sauveur des humains ;
Il croit à la sagesse
De l'Esprit trois fois saint.

O présence adorable
Du Dieu qui nous créa,
De ce Dieu secourable
Qui pour nous s'immola.
Auguste sacrifice
Du plus grand des amours,

Que chacun te bénisse
Jusqu'au dernier des jours!

PRIÈRE A N.-S. JÉSUS-CHRIST.

Paroles tirées d'un cantique allemand; musique de Braün,
p. 25.

Agneau de Dieu, Jésus la douceur même,
Ah! secourez le chrétien qui vous aime,
Et donnez-lui la sainte humilité,
La paix du cœur, la bonté.

Vous avez dit : L'âme toujours fidèle,
A chaque instant verra croître son zèle ;
Mon joug est doux, il prépare le cœur
A goûter le vrai bonheur.

Seigneur, voyez le fardeau qui m'accable,
Et tendez-moi une main secourable.
Sous votre joug, prosterné pour toujours,
Je veux terminer mes jours.

INVOCATION AU SAINT-ESPRIT.

Paroles tirées d'un cantique allemand; musique de Braün,
p. 8.

Demeure en nous, grâce de Jésus-Christ,
Grâce de Dieu le père,
Eclaire-nous toujours, ô Saint-Esprit,
Telle est notre prière.

Messe des Fêtes.

LE JOUR DU SEIGNEUR.

Paroles tirées d'un cantique allemand ; musique de Hahn,
p. 4.

Combien vite il s'écoule
Le beau jour du Seigneur !
Venez, venez en foule
En goûter les douceurs,
Et chantez tous en chœur,
Vous qu'un saint zèle anime,
Chantez l'œuvre sublime
De votre Créateur.

Oui, nous voulons, bon Père,
Sans cesse t'obéir.
Vivre en chrétien sur terre
Est notre seul désir.
O Dieu qui nous créas,
Et qui lis dans nos âmes,
Dissipe nos alarmes,
Daigne affermir nos pas.

INVOCATION A MARIE.

Paroles tirées d'un cantique allemand ; musique de
Sechter, p. 6.

O Vierge Marie !
O Mère bénie !
Pour nous quel bonheur
De chanter sans cesse
A vous louange, honneur !

Du haut des cieux, venez,
Et vous consolerez
Mon âme attristée,

Car l'espoir vous suivra,
    Vierge immaculée.
O Vierge, etc.

Vous qui brûlez d'amour,
Au céleste séjour,
    Priez, ô Marie !
Et toujours vers le bien
    Tendra notre vie.
O Vierge, etc.

Ah ! par un prompt secours
Il faut avoir recours
    A votre prière ;
Du bon Seigneur Jésus
    Vous êtes la Mère.
O Vierge, etc.

NOTRE PÈRE.

Paroles tirées d'un cantique allemand ; musique de Nageli,
p. 23.

Du haut du ciel, ô notre Père !
Daignez entendre la prière
        De vos enfants
        Reconnaissants.

Ah ! que chacun vous obéisse,
Et qu'en tout lieu l'on vous bénisse
        Du fond du cœur,
        O Créateur !

Seigneur, que votre règne arrive,
O vous de qui tout bien dérive,
        Dieu de bonté,
        De vérité !

Que votre pardon récompense
Celui qui, pardonnant l'offense,

Sait oublier,
Vous-imiter.
Rendez notre sueur féconde,
A vos enfants, ô Dieu du monde!
Donnez le pain
Quotidien.

Ah! protégez notre faiblesse
Contre le péché qui l'oppresse;
Puis, près de vous,
Appelez-nous.

CONFIANCE EN N.-S. JÉSUS-CHRIST.

Paroles tirées d'un cantique allemand; musique de Jakob,
p. 1.

Bien loin de la terre,
Jésus notre Père
Siége radieux.
Pour prix de son zèle,
Le chrétien fidèle
Va le retrouver aux cieux.

O Dieu! quand je prie,
Ma voix qui supplie
Monte jusqu'à toi :
Quand je te confesse
Quelle est ma faiblesse,
Ta bonté descend vers moi.

D'un jour sans nuage
Je vois le présage ;
Dieu, dans ta faveur,
De ta gloire immense,
J'en ai l'assurance,
Tu m'ouvriras les splendeurs.

LOUANGES A DIEU.

Paroles tirées d'un cantique allemand ; musique de
Schnabel, p. 6.

Vos bienfaits , ô notre Père !
   Charment tous les cœurs.
Que nos voix au loin sur terre
   Chantent vos faveurs.

Un tendre attrait nous engage
   A vous adorer,
A vous aimer sans partage ,
   Pour nous relever.

O douceur de l'innocence !
   Vous nous appelez,
Et les pleurs de la souffrance ,
   Vous les essuyez.

DEUXIÈME PARTIE.

—

EXERCICES DU SOIR.

LES DIMANCHES ET LES JOURS DE FÊTES.

Il serait plus convenable de chanter, aux exercices du soir, les petites Vêpres de la sainte Vierge. Mais lorsqu'on préfère des cantiques, l'on peut chanter les suivants, soit après les prières, soit après les recommandations, soit pendant la sortie.

—

Avent.

LA CRÉATION.

Paroles tirées d'un cantique allemand ; musique de Harder, p. 19.

Au sein de l'ombre et du mystère,
Le globe entier gisait sans bruit ;
Dieu dit : Apparaissez, lumière !
Et le premier jour luit.
Surprise et charmée,
La céleste cour
Remplit l'empyrée
De ses chants d'amour.

Dieu dit : au sein des noirs abîmes
Le flot s'élance en mugissant ;
Puis les rochers montrent leurs cimes,
La terre au loin s'étend.
Qu'elle est noble et belle,
Votre œuvre, Seigneur !

O troupe immortelle!
Redis sa grandeur.

Il dit : de fleurs le sol se couvre,
Et les poissons peuplent les mers ;
Puis de la terre qui s'entr'ouvre
    L'oiseau part dans les airs.
        La biche innocente
        Prend ses doux ébats ;
        La panthère ardente
        S'élance aux combats.

Dieu dit : Faisons à notre image
Un être au bonheur destiné.
Soudain, pour couronner l'ouvrage,
    A sa voix l'homme est né.
        L'homme est un mystère
        Que Dieu seul connaît ;
        D'esprit, de matière,
        Son être fut fait.

Dieu, voyant l'œuvre terminée,
Et contemplant tous ses travaux,
Bénit la septième journée,
    Qu'il consacre au repos.
        Salut, jour de gloire,
        Jour du Créateur !
        O jour de victoire !
        Rends-nous le bonheur.

CONCEPTION DE LA SAINTE VIERGE.

Paroles tirées d'un cantique allemand ; musique de
Breidenstein, p. 47.

Quelle est donc cette aurore nouvelle
Dont la splendeur, à nulle autre pareille,
Monte en ce jour jusqu'au plus haut des cieux ?
Après les temps d'opprobre et de souffrance

L'on voit briller un rayon d'espérance ;
Astre de paix, daigne accueillir nos vœux.

En ce jour, Vierge immaculée,
Par le Seigneur, au monde fut donnée,
Gage immortel d'un éternel amour.
Dieu vous choisit, ô notre bonne Mère :
De vous naîtra le Sauveur de la terre,
Du bon Jésus vous serez le séjour.

Au serment Dieu s'est montré fidèle :
Pour triompher de l'archange rebelle,
Son bras choisit une femme, un enfant.
C'est vous, Marie, ô Vierge tout aimable,
Qui relevant notre race coupable
Écraserez la tête du serpent.

O Marie ! ô notre Providence !
Oui, tout chrétien est plein de confiance,
En répétant votre nom protecteur.
Ah ! dissipez l'obscurité profonde
Qui règne encore au sein du vaste monde ;
De l'univers que Jésus soit vainqueur.

LA PRIÈRE DU SOIR.

Paroles tirées d'un cantique allemand ; musique de
Breidenstein, p. 17.

Celui dont la puissance
Nous donna l'existence
Nous invite au repos ;
Et déjà sur la terre,
Glissant avec mystère,
La nuit nous verse ses pavots.

Tandis qu'au sein de l'ombre,
Les cieux, de feux sans nombre,
Etalent les splendeurs ;
Prosternés sur la terre,

O Seigneur ! notre Père,
Nous vous faisons l'hommage de nos cœurs.

A votre voix rebelles,
Dieu ! nos cœurs infidèles
Bien loin de vous ont fui.
Oui, mais pour une larme,
Votre bras se désarme ;
L'espoir, à nos regards, a lui.

Noël.

LA NUIT DE NOEL.

Paroles tirées d'un cantique allemand ; musique de
Gtimmen, p. 15.

O sainte nuit,
Qui nous ravit !
Chassant l'ombre épaisse,
Du plus haut des cieux
Lentement s'abaisse
Un jour radieux.
Par de doux cantiques,
L'ange du Seigneur,
Aux cœurs pacifiques,
Promet le bonheur.
Viens, troupe fidèle,
Oui, viens imiter
L'amour et le zèle
Du simple berger.

Dans une étable, ô mystère !
Naît le Sauveur de la terre :
C'est un enfant
Faible et tremblant.

Enfant divin !
Espoir certain,
Rameau vénérable

Du tronc de Jessé,
D'un peuple coupable,
Sauveur désiré !
Reçois notre hommage,
Viens combler nos vœux,
Sois notre partage,
Enfant bienheureux.
O dieu tutélaire !
Pour nous relever,
A notre misère,
Viens t'associer.

Toi qui veux, par ta souffrance,
Rendre enfin à l'innocence
Ton peuple aimé,
Régénéré.

PRIÈRE A MARIE.

Paroles tirées d'un cantique allemand ; musique de
Breidenstein, p. 36.

Chrétiens, célébrons le jour
Où naquit la Mère
Du Dieu dont l'immense amour
A sauvé la terre.
Vierge sainte, Vierge pure,
Doux espoir qui nous ravit,
Pour vous chanter, la nature
A nos hommages s'unit.

Bientôt naîtra le Sauveur
Qui vous a choisie ;
Bientôt votre Créateur
Vous devra la vie.
O pieux et doux mystère !
Dieu, le soleil d'équité,
Pour son trône sur la terre,
Choisit votre humilité.

Vierge qui régnez aux cieux,
  Voyez notre peine,
Rendez tous les cœurs pieux,
  O vous, notre Reine!
Au séjour de l'innocence
Daignez rappeler un jour
Tous ceux que votre assistance
Rendit au bien, à l'amour.

ACTIONS DE GRACES.

Paroles tirées d'un cantique allemand; choral allemand
par Breidenstein, p. 29.

Au Tout-Puissant louange, honneur,
  Gloire au souverain Maître!
Car son amour consolateur,
  En nos cœurs, fait renaître
L'espoir du bienheureux retour
Au ciel, à l'éternel séjour.
  Gloire à Dieu notre Père!

Chantez-le donc, ô Séraphins,
  Célébrez sa puissance.
Vous, Chérubins, et vous, humains,
  Chantez la bienfaisance
Du Dieu qui, créant l'univers,
Pourvut à vos besoins divers.
  Chantons la Providence.

A vous, Seigneur, j'ai consacré
  Mon âme tout entière.
Oui, votre nom sera chanté
  En tout lieu, sur la terre.
Oui, partout l'on vous bénira,
Partout la foi triomphera.
  Gloire à Dieu notre Père!

Épiphanie.

PROVIDENCE DE DIEU.

Paroles tirées d'un cantique allemand; musique de
Bolfsweife, p. 13.

Sais-tu combien d'astres brillent
Dans le sombre azur des cieux,
Combien d'étoiles scintillent,
Puis s'effacent à nos yeux?
Dieu! toi seul qui les enfantes,
Les as seul toujours présentes
A ton regard radieux.   *(bis.)*

Sais-tu compter les atomes
Qui sous un soleil brillant,
Comme un peuple de fantômes,
Semblent sortir du néant?
Dieu seul, qui dans sa puissance
Leur a donné l'existence,
Les voit tous en un instant.   *(bis.)*

Sais-tu combien d'âmes pures,
A leur Dieu rendent l'honneur
Que doivent les créatures
A leur bienfaisant auteur?
Dieu seul, dans sa providence,
Des cœurs a la connaissance.
Chantons ses dons, sa grandeur.   *(bis.)*

CONFIANCE EN MARIE.

Paroles tirées d'un cantique allemand; musique de
Breidenstein, p. 28.

Salut à vous, ô Vierge aimable!
Dont la puissance secourable

S'étend partout dans l'univers,
Vous qui préservez du naufrage
Le marin qui, pendant l'orage,
Sait prier l'Etoile des mers.

Marie, ô douce Providence,
Flambeau de la sainte espérance,
Qui brillez au plus haut des cieux!
Voyez que d'âmes égarées
Vers les enfers sont entraînées....
Priez pour tous les malheureux.

En vous je mets ma confiance :
Daignez me servir de défense,
Refuge assuré du pécheur !
Et, quand viendra l'instant suprême
M'arracher à tout ce que j'aime,
Ranimez la foi dans mon cœur.

PRIÈRE DE LA NUIT.

Paroles tirées d'un cantique allemand; musique de Braün,
p. 9.

Lentement l'ombre s'abaisse,
Et le silence la suit :
Du jour le tumulte cesse,
Et laisse régner la nuit.

Du ciel pour nous descendue,
Douce paix, nous te louons :
Seigneur, pour sa bienvenue
Toujours nous te bénirons.

Quand la nuit vient sur la terre
Mettre un terme à nos labeurs,
Du sommeil, ô tendre Père!
Tu nous verses les douceurs.

Dieu, sur nous, ta bonté veille :
Que pouvons-nous redouter?

Près de nous, quand tout sommeille,
Ton ange vient se placer.

***

Septuagésime.

PRIÈRE A DIEU.

Paroles tirées d'un cantique allemand; musique de
Breidenstein, p. 26.

De Dieu, l'éternelle sagesse,
Veille sur nous, à tout moment,
Et protège notre faiblesse
Contre la ruse du serpent.

Seigneur, donnez-nous le courage
De vous servir avec ardeur;
De toujours mépriser la rage
De l'imposture et de l'erreur.

INVOCATION A MARIE.

Paroles tirées d'un cantique allemand; musique de
Sechter, p. 6.

O Vierge Marie !
O Mère bénie !
Pour nous quel bonheur
De chanter sans cesse
A vous louange, honneur !

Du haut des cieux, venez,
Et vous consolerez
Mon âme attristée,
Car l'espoir vous suivra,
Vierge immaculée.
O Vierge, etc.

Vous qui brûlez d'amour,
Au céleste séjour,
 Priez, ô Marie !
Et toujours vers le bien
 Tendra notre vie.
 O Vierge, etc.

Ah ! par un prompt secours,
Il faut avoir recours
 A votre prière ;
Du bon Seigneur Jésus,
 Vous êtes la Mère.
 O Vierge, etc.

LE JOUR DU SEIGNEUR.

Paroles tirées d'un cantique allemand ; musique de Hahn,
p. 4.

Combien vite il s'écoule
Le beau jour du Seigneur !
Venez, venez en foule
En goûter les douceurs,
Et chantez tous en chœur,
Vous qu'un saint zèle anime,
Chantez l'œuvre sublime
De votre Créateur.

Oui, nous voulons, bon Père,
Sans cesse t'obéir.
Vivre en chrétien sur terre
Est notre seul désir.
O Dieu qui nous créas,
Et qui lis dans nos âmes,
Dissipe nos alarmes,
Daigne affermir nos pas.

Carême.

LE PURGATOIRE.

Paroles tirées d'un cantique allemand ; musique de
Breidenstein, p. 34.

Au sein de flammes dévorantes,
Ah ! combien d'âmes gémissantes,
Expiant leurs erreurs,
Implorent les prières
De leurs sœurs, de leurs frères :
Soyons touchés de leurs douleurs.

Dans ce séjour du Purgatoire,
Combien est triste la mémoire
Du temps qu'on a perdu !
Regrets pleins de misère,
Que l'espoir seul tempère,
Du bonheur, au ciel, entrevu !

Bien loin du Seigneur exilée,
De regrets l'âme consumée
Doit souffrir tant de maux !
A la plus misérable,
Seigneur, Dieu secourable,
Daignez accorder le repos.

Chrétien, si parfois dans la ville
Tu vois passer le char tranquille
Qui conduit au tombeau...
Songe à prier Marie,
Notre Mère chérie,
Pour ceux qui souffrent tant de maux.

LA MORT ET LA RÉSURRECTION.

Paroles tirées d'un cantique allemand ; musique de Braün,
p. 10.

Livre, chrétien, livre à la terre
Ce qui n'était qu'une poussière ;

Qu'en paix ici repose enfin
Ce voyageur las du chemin.

Tombe, reçois ce corps sans âme,
Jusqu'à ce que Dieu le réclame,
Et que, brillant, ressuscité,
Il règne dans l'éternité.

Par cette dépouille flétrie,
Apprends, mortel, ce qu'est la vie;
Longtemps il te fallut souffrir...
Dieu te rappelle : il faut mourir.

Fais, ô chrétien! que ta pensée
Vers le bien soit toujours tournée.
D'un Dieu vengeur dépend ton sort :
A chaque instant songe à la mort.

L'ESPÉRANCE DU CHRÉTIEN.

Paroles tirées d'un cantique allemand ; musique de Braün,
p. 38.

Bienheureuse est la mort sainte,
Elle conduit au repos,
Et le chrétien voit sans crainte
La fin de tous ses travaux.
Dieu seul est son espérance :
A ses lois il fut soumis;
Il a pleine confiance
Aux mérites de son Fils.

O Sion, cité divine !
Qui peut dire ta splendeur,
Séjour où l'ange s'incline
Devant le Dieu créateur;
Où, pleins d'une douce ivresse,
Tous les esprits bienheureux
Vont adorer la sagesse
Du Dieu qui créa les cieux?

Ah ! soyons toujours fidèles
Aux préceptes du Seigneur.
Jésus, quand tu nous appelles
A goûter le vrai bonheur,
Renonçant aux choses vaines,
Et songeant à meilleur sort,
Nous t'offrons plaisirs et peines,
Notre vie et notre mort !

Passion.

PRIÈRE A N.-S. JÉSUS-CHRIST.

Paroles tirées d'un cantique allemand ; musique de Braün,
p. 25.

Agneau de Dieu, Jésus la douceur même,
Ah ! secourez le chrétien qui vous aime,
Et donnez-lui la sainte humilité,
　La paix du cœur, la bonté.

Vous avez dit : L'âme toujours fidèle
A chaque instant verra croître son zèle ;
Mon joug est doux, il prépare le cœur
　A goûter le vrai bonheur.

Seigneur, voyez le fardeau qui m'accable,
Et tendez-moi une main secourable.
Sous votre joug prosterné pour toujours,
　Je veux terminer mes jours.

COMPASSION DE LA SAINTE VIERGE.

Paroles tirées d'un cantique allemand ; musique de
Breidenstein, p. 24.

O Vierge sainte, ô notre Mère !
Nous voici près de vous,

Sur la montagne solitaire,
  Où Jésus meurt pour nous.

Qui pourrait dire votre peine,
  Vos soupirs et vos pleurs?
Est-il donc un cœur qui ne saigne
  En voyant vos douleurs?

Ah! vous partagez le supplice
  De votre Fils chéri;
Pour consommer le sacrifice,
  Vous restez près de lui.

Du ciel où vous brillez, ô Reine!
  Sur nous jetez les yeux;
Que votre amour un jour nous mène
  Près de vous, dans les cieux!

SENTIMENTS DE PÉNITENCE.

Paroles tirées d'un cantique allemand; musique de
Breidenstein, p. 21.

Vers vous, ô Dieu, mon cœur soupire;
Ah! loin de vous ne me rejetez pas...
Mais pardonnez à mon triste délire;
Dieu de bonté, daignez guider mes pas.

Seigneur, purifiez mon âme;
Mettez la paix où régnait la fureur...
Que votre nom, pour vous, d'amour m'enflamme!
Chassez Satan loin de mon faible cœur.

Pâques.

TRIOMPHE DE N.-S. JÉSUS-CHRIST.

Paroles tirées d'un cantique allemand ; musique de Rinf,
p. 30.

Vers vous, Seigneur, monte un long cri de gloire :
Le monde entier célèbre la victoire
Du Dieu qui pour nous s'immola.
Chantons en cœur : Alleluia, Alleluia, alleluia.

Brisant la pierre tumulaire,
Jésus sort du tombeau, tout brillant de lumière.
Tremblant d'effroi, le soldat prosterné,
Succombe, au seul aspect de tant de majesté.
O mort, ô mort, où donc est ta puissance ?
Jésus, brisant ton sceptre d'insolence,
Nous montre au ciel le séjour du bonheur,
Qu'il nous a mérité par des jours de douleur !

Chantez en chœur, Esprits célestes,
Ce beau jour tant de fois prédit par les prophètes.
Le noir enfer, accablé de stupeur,
Voit tomber son pouvoir, et tremble de frayeur.
Mais le chrétien, en ce jour d'allégresse,
Divin Sauveur, bénit votre tendresse ;
De vos autels s'approchant plein de foi,
Il prend part au festin de la nouvelle loi !

PRIÈRE A MARIE.

Paroles tirées d'un cantique allemand ; musique de
Breidenstein, p. 40.

Reine des cieux, ô notre Mère !
Sur nous jetez les yeux ;

Vous êtes l'appui tutélaire   (*bis.*)
   De tous les malheureux.

Divine fleur, charmez nos âmes
   De vos parfums si doux;
Embrasez-nous de vives flammes (*bis.*)
   Pour le céleste Epoux.

Astre des mers, brillez sans cesse]
   Dans les cieux assombris;
Source d'amour et de tendresse,   (*bis.*)
   Touchez les cœurs flétris.

Ah! que nos chants toujours célèbrent
   L'étoile du matin,
Qui vient dissiper les ténèbres   (*bis.*)
   Par un éclat divin.

LA SAINTE ESPÉRANCE.

Paroles tirées d'un cantique allemand; musique de
Breidenstein, p. 49.

Aux douceurs de l'espérance
   Abandonnons nos cœurs.
Après les jours de souffrance
Viendra le jour de bonheur.
   Dieu sera le partage
De la vertu, du noble et vrai courage.

Ah! pour la gloire éternelle
   Qui donc ne combattrait?
Chrétien, quand ton Dieu t'appelle,
Eh! qui donc t'arrèterait?
   Dieu t'a montré qu'il t'aime,
Sois-lui soumis jusqu'à l'instant suprême.

Vois, pour enflammer ton zèle,
   Le bonheur qui t'attend:
Dieu, la beauté sans pareille,

A tes regards est présent.
Pour toi plus de mystère
Dans ce séjour de paix et de lumière.

Bravons les coups et la rage
De l'enfer irrité.
Dieu nous garde en héritage,
Dans l'heureuse éternité,
La présence ineffable
De l'Esprit saint, du Sauveur adorable !

Pentecôte.

INVOCATION A DIEU.

Paroles tirées d'un cantique allemand ; musique de
Breidenstein, p. 27.

Êtres créés, chantez le Créateur,
Chantez de Dieu la gloire et la grandeur,

Amour divin,
Viens, ô brûlante flamme !
Viens en mon âme
Régner sans fin.
Amour divin, etc.   (*bis.*)

O mon Sauveur !
D'où vient toute sagesse,
Ta sainte ivresse
Remplit mon cœur.
O mon Sauveur ! etc.   (*bis.*)

Astres divers
Que Dieu seul a fait naître,
Chantez le Maître
De l'univers.
Astres divers, etc.   (*bis.*)

INVOCATION AU SAINT-ESPRIT.

Paroles tirées d'un cantique allemand ; musique de Braün,
p. 26.

Gloire, gloire, gloire au Saint-Esprit !
Et que toujours sa lumière
Nous guide et nous éclaire.
Gloire, gloire, gloire au Père,
Gloire au Saint-Esprit.

LA VÉRITÉ.

Paroles tirées d'un cantique allemand ; musique de Braün,
p. 12.

Honneur à la vérité,
C'est le pain même de l'âme :
Sa céleste majesté
Grandit le cœur et l'enflamme.
Chrétien, sans craindre le blâme,
Sois fidèle à sa beauté.

Jamais ne laisse en ton cœur
Entrer l'astuce et la ruse,
Car, sous leur poison vainqueur,
Bientôt la probité s'use ;
Et la fourbe, qui t'amuse,
Bientôt détruit ton bonheur.

Vérité, brillant flambeau,
Du cœur couronne royale,
O des sceptres le plus beau !
Oui, ta beauté sans égale
A tous les regards étale
Un éclat toujours nouveau.

Vérité, sois mon rempart ;
Au serment rends-moi fidèle ;
Fais-moi marcher, sans retard,

Partout où l'honneur m'appelle,
Vérité toujours plus belle,
Plus tu frappes mon regard !

Guide-moi vers le bonheur,
Loi d'amour et de sagesse.
A toi je livre mon cœur.....
Viens soutenir ma faiblesse ;
Fais-moi chérir la tendresse
De mon immortel auteur.

Fête-Dieu et Sacré-Cœur.

LA PRÉSENCE RÉELLE DE N.-S. JÉSUS-CHRIST DANS L'EUCHARISTIE.

Paroles tirées d'un cantique allemand ; musique de
Glaser, p. 45.

Seigneur, rien ne surpasse
Le trésor de la foi :
Qui croit à votre grâce
De l'univers est roi.
Sous les humbles espèces
Il reconnaît son Dieu,
Et Dieu de ses tendresses
Remplit son cœur pieux.

Comme aü sein de Marie
Jésus s'est incarné,
Il croit que sous l'hostie
Le Seigneur est caché.
Il croit à ce mystère
Du tendre et doux Sauveur,
Docile à la prière
Dont lui-même est l'auteur.

Il croit à la puissance
De ce Dieu bienfaisant

Par qui le monde immense
Fut tiré du néant.
Il croit à la tendresse
Du Sauveur des humains ;
Il croit à la sagesse
De l'Esprit trois fois saint.

O présence adorable
Du Dieu qui nous créa,
De ce Dieu secourable
Qui pour nous s'immola !
Auguste sacrifice.
Du plus grand des amours,
Que chacun te bénisse
Jusqu'au dernier des jours !

LOUANGES AU CŒUR DE N.-S. JÉSUS-CHRIST.

[Paroles de *** ; musique de ***, p. 65.

D'un Dieu plongé dans la tristesse,
Mortel, écoute les accents :
Je t'aime, hélas ! et ma tendresse
S'exhale en soupirs impuissants ;
Enfant ingrat, cœur inflexible,
Mais toujours si cher à mon cœur,
Seras-tu toujours insensible
A mon amour, à ma douleur ?

Non, non, consolez-vous, Seigneur ;
De votre cœur blessé la voix attendrissante,
Dans ces jours d'opprobre et d'erreur,
Après tant de combats est enfin triomphante.

Triomphez donc, Cœur de Jésus !
Mon cœur est enchaîné, il est votre victoire :
Triomphez donc, Cœur de Jésus !
Vous serez à jamais mon amour et ma gloire.

Il nous invite, il nous appelle,
Nous captive par ses bienfaits ;
Ah ! qui de nous encore rebelle
Ferme le cœur à tant d'attraits !
En vous, Cœur mille fois aimable,
Notre âme a trouvé le repos,
Et le bonheur seul véritable
Dans vos charmes toujours nouveaux.

La paix, au sein de tous les maux,
Du cœur qui vous honore est l'heureux apanage,
Votre amour charme les travaux
Et les tristes ennuis d'un long pèlerinage.
Triomphez donc, etc.

Signe d'amour et d'espérance,
Auguste Cœur percé pour nous !
Enfants du ciel et de la France,
Nous nous rallions tous à vous.
Ah ! puissent nos faibles hommages
Faire oublier nos attentats ;
Puissions-nous, après tant d'outrages,
Mourir plutôt que d'être ingrats !

Oui, c'en est fait, jusqu'au trépas,
Cœur sacré, par l'encens d'un faible sacrifice,
Des cœurs qui ne vous aiment pas,
Nous voulons réparer la coupable injustice.
Triomphez donc, etc.

LOUANGES A DIEU.

Paroles tirées d'un cantique allemand ; musique de
Schnabel, p. 6.

Vos bienfaits, ô notre Père !
Charment tous les cœurs.
Que nos voix au loin sur terre
Chantent vos faveurs.

Un tendre attrait nous engage
   A vous adorer,
A vous aimer sans partage,
   Pour nous relever.

O douceur de l'innocence !
   Vous nous appelez,
Et les pleurs de la souffrance,
   Vous les essuyez.

Assomption et Rosaire.

LA GLOIRE DE MARIE.

Paroles tirées d'un cantique allemand; musique de Rinf,
p. 51.

Anges des cieux, chantez le jour
   Où notre Mère
   Quitta la terre
Pour l'éternel séjour,
   Et chantez en chœur,
De la Vierge Marie,
La gloire et la grandeur.
Notre Mère chérie
Monte au trône du Seigneur,
   Et chantez en chœur,
De la Vierge Marie,
La gloire et la grandeur.
Notre Mère chérie   (*bis.*)
Monte au trône du Seigneur.

Ah ! quel triomphe, à son aspect,
   La foule sainte
   Tremble de crainte,
D'amour et de respect ;
   Et le Créateur,
D'un brillant diadème
A ceint le front vainqueur

De la Vierge Marie ,
De la Mère du Sauveur ;
Et le Créateur,
D'un brillant diadème
A ceint le front vainqueur
De la Vierge qu'il aime ,   (*bis.*)
De la Mère du Sauveur.

Chrétiens zélés, mêlez vos chants
A cet hommage,
Et d'âge en âge,
Protégeant vos enfants,
Du plus haut des cieux
Veillera sur la France,
Le regard radieux ,
Le regard de clémence
De Marie, au cœur pieux.
Du plus haut des cieux,
Veillera sur la France,
Le regard radieux,
Le regard de clémence ,   (*bis.*)
De Marie au cœur pieux.

CONFIANCE EN N.-S. JÉSUS-CHRIST.

Paroles tirées d'un cantique allemand; musique de
Jakob, p. 1.

Bien loin de la terre ,
Jésus, notre Père,
Siége radieux.
Pour prix de son zèle,
Le chrétien fidèle
Va le retrouver aux cieux.

O Dieu ! quand je prie,
Ma voix qui supplie
Monte jusqu'à toi :
Quand je te confesse

Quelle est ma faiblesse,
Ta bonté descend vers moi.

D'un jour sans nuage
Je vois le présage :
Dieu, dans ta faveur,
De ta gloire immense,
J'en ai l'assurance,
Tu m'ouvriras la splendeur.

GLOIRE DE MARIE.

Paroles tirées d'un cantique allemand ; musique de
Glaser, p. 44.

Notre mère a fui loin de nous ;
  D'amour consumée
  Son âme attristée,
O Jésus ! soupirait vers vous ;
Et voici qu'elle est rappelée
  Dans le séjour du bonheur ;
Gloire à la mère du Sauveur !

Reine de paix et de bonté,
  Du fond de l'abîme,
  Ton trône sublime
Nous paraît brillant de clarté ;
Et ta gloire en nos cœurs imprime
  L'espoir du jour bienheureux
Où pour nous s'ouvriront les cieux.

Gloire au Père, au Fils adoré !
  Gloire à vous, Marie,
  O Vierge bénie !
Par qui Jésus nous fut donné.
Esprit saint, ta gloire infinie
  Sur nos âmes règnera,
Puis jusqu'au ciel nous guidera.

Du Rosaire à l'Avent.

NOTRE PÈRE.

Paroles de l'Oraison dominicale ; musique de Breidenstein,
p. 57.

Notre Père, qui dans les cieux régnez,
Qu'il soit béni sur cette terre
Votre nom tutélaire ;
En nos cœurs descendez :
Que votre loi sainte
Et des humains et des anges sois crainte.
Donnez chaque jour   (*bis.*)
Le pain de votre amour.

Ah ! pardonnez-nous l'offense :   (*bis.*)
Nous avons pardonné, montrez votre clémence ;
Protégez nos cœurs contre le démon ;
Délivrez-nous du mal de la tentation.

Tout ce qui respire meurt demain...
Votre empire, ô Dieu ! seul est sans fin.
Amen.

LA SAINTE ESPÉRANCE.

Paroles tirées d'un cantique allemand ; musique de
Breidenstein, p. 49.

Aux douceurs de l'espérance
Abandonnons nos cœurs.
Après les jours de souffrance
Viendra les jours de bonheur.
Dieu sera le partage
De la vertu, du noble et vrai courage.

Ah ! pour la gloire éternelle
Qui donc ne combattrait ?

Chrétien, quand ton Dieu t'appelle,
Eh! qui donc t'arrêterait?
Dieu t'a montré qu'il t'aime :
Sois-lui soumis jusqu'à l'instant suprême.
Vois, pour enflammer ton zèle,
Le bonheur qui t'attend :
Dieu, la beauté sans pareille,
A tes regards est présent.
Pour toi plus de mystère
Dans ce séjour de paix et de lumière.
Bravons les coups et la rage
De l'enfer irrité.
Dieu nsus garde en héritage,
Dans l'heureuse éternité,
La présence ineffable
De l'Esprit saint, du Sauveur adorable !

EXHORTATION A LA SAGESSE.

Paroles tirées d'un cantique allemand; musique de
Kübler, p. 11.

Mortel, que l'honneur te conseille
Jusqu'à ton dernier jour ;
Que sur ton cœur sans cesse veille
La loi d'un Dieu d'amour.

Alors ton long pélerinage
Te conduit sans effort,
Par des prés fleuris, au rivage,
Où nous attend la mort.

Alors rien n'arrête ton zèle ;
Pour prix de ton labeur,
Tu rends la terre bien plus belle
Aux yeux de son auteur.

Pour le méchant tout est misère
Au sentier qu'il choisit ;
Et plus il va, plus la lumière
Loin de ses yeux s'enfuit...

TROISIEME PARTIE.

—

MOIS DE MARIE.

Par ordonnance de Mgr l'archevêque de Paris, promulguée dans le dernier synode, l'on doit composer cet exercice de la manière suivante : Prière du soir ; *Magnificat* ; Instruction ; Antienne au Saint-Sacrement ; Litanies de la sainte Vierge ; Bénédiction ; *Laudate Dominum*. Cependant, comme l'ordonnance autorise le chant des cantiques à la place du *Magnificat* et du psaume qui suit la bénédiction, nous indiquons les suivants qui pourront être chantés après la prière et après la bénédiction.

———

Première semaine.

GLOIRE A DIEU.

Paroles tirées d'un cantique allémand ; musique de
Schneider, p. 4.

Tout à l'âme pure
Dit dans la nature :
Il n'y a qu'un Dieu !
La mousse du chêne,
Le rocher, la plaine,
Tout dit : Gloire à Dieu !

C'est qu'à ta puissance
Tout doit l'existence,
O Dieu de bonté !
Et ce grand ouvrage
Est un témoignage
De ta Majesté !

Sublime mystère !
Au ciel, à la terre,
Dieu dicte des lois :
Sa foudre éclatante
Est la voix puissante
De ce Roi des rois.

Que l'amour t'enflamme,
Et chante, ô mon âme !
De Dieu la grandeur.
Ce Dieu tutélaire,
Il t'aime en bon père,
C'est un Dieu Sauveur.

LES FÊTES DE MARIE.

Paroles tirées d'un cantique allemand ; musique de Braün,
p. 37.

Par le chant, l'harmonie,
   Fêtons le retour
Du mois qui pour Marie
Redouble notre amour.
   En ce temps prospère,
   Sont tournés vers nous,
   De la sainte Mère,
Les regards les plus doux.

Ah ! voyez, la nature,
   Pour lui faire honneur,
A repris sa parure,
Le soleil sa splendeur.
   O touchante image
   Du jour glorieux
   Où la Vierge sage
   A rouvert les cieux.
Offrons à Dieu pour elle
   Nos soins, nos douleurs.

Le chrétien, sous son aile,
Sera toujours vainqueur.
La douce Madone
Au serpent maudit
Jamais n'abandonne
Le cœur qui la bénit.

Deuxième semaine.

BONTÉ DE DIEU.

Paroles tirées d'un cantique allemand; musique de
Nageli, p. 3.

Dieu de gloire,
Dieu de majesté,
Comment ne pas croire
A votre bonté?

Au visage
De l'homme apparaît
La brillante image
Du Dieu qui l'a fait.

Ce Dieu Père,
A tout cœur soumis,
Promet la lumière
De son Paradis.

Plus d'alarmes,
Tout meurt ici-bas :
Dieu, qui voit nos larmes,
Seul ne change pas.

CONCEPTION DE LA SAINTE VIERGE.

Paroles tirées d'un cantique allemand; musique de
Breidenstein, p. 47.

Quelle est donc cette aurore nouvelle
Dont la splendeur, à nulle autre pareille,

Monte en ce jour jusqu'au plus haut des cieux ?
Après les temps d'opprobre et de souffrance
L'on voit briller un rayon d'espérance ;
Astre de paix, daigne accueillir nos vœux.

En ce jour, Vierge immaculée,
Par le Seigneur, au monde, fut donnée,
Gage immortel d'un éternel amour.
Dieu vous choisit, ô notre bonne Mère :
De vous naîtra le Sauveur de la terre,
Du bon Jésus vous serez le séjour.

Au serment, Dieu s'est montré fidèle :
Pour triompher de l'archange rebelle,
Son bras choisit une femme, un enfant.
C'est vous, Marie, ô Vierge tout aimable,
Qui relevant notre race coupable
Ecraserez la tête du serpent.

O Marie, ô notre Providence !
Oui, tout chrétien est plein de confiance,
En répétant votre nom protecteur.
Ah ! dissipez l'obscurité profonde
Qui règne encore au sein du vaste monde ;
De l'univers que Jésus soit vainqueur.

Troisième semaine.

SENTIMENT DE CONFIANCE.

Paroles tirées d'un cantique allemand ; musique de Hahn,
p. 2.

Dieu tout-puissant, nous te prions :
Fais-nous aimer la sagesse,
Fais-nous dompter les passions
Qui tentent notre faiblesse ;
Sur nous étends ton bras puissant,
Et nous vivrons en pratiquant
La loi que tout chrétien professe.

Esprit d'amour, de vérité,
  Je veux te rester fidèle ;
Je crois ! et ton éternité
  Sera le prix de mon zèle.
Ainsi coulez, coulez mes jours,
Que rien n'arrête votre cours :
Mon espérance est immortelle !

PRIÈRE A MARIE.

Paroles tirées d'un cantique allemand ; musique de
Breidenstein, p. 36.

Chrétiens, célébrons le jour
  Où naquit la Mère
Du Dieu dont l'immense amour
  A sauvé la terre.
Vierge sainte , Vierge pure,
Doux espoir qui nous ravit,
Pour vous chanter, la nature
A nos hommages s'unit.

Bientôt naîtra le Sauveur
  Qui vous a choisie ;
Bientôt votre Créateur
  Vous devra la vie.
O pieux et doux mystère !
Dieu, le soleil d'équité,
Pour son trône sur la terre
Choisit votre humilité.

Vierge qui régnez aux cieux,
  Voyez notre peine,
Rendez tous les cœurs pieux,
  O vous, notre Reine !
Au séjour de l'innocence
Daignez rappeler un jour
Tous ceux que votre assistance
Rendit au bien, à l'amour.

Quatrième semaine.

CONFIANCE EN DIEU.

Paroles tirées d'un cantique allemand; musique de
Breidenstein, p. 21.

Dieu seul est grand,
Célébrons sa puissance :
Seul il répand,
Dans sa munificence,
Ses dons que partout l'homme attend.

Dieu veut et dit...
Soudain naissent les mondes !
Mais, s'il maudit...
Cieux, astres, mer profonde,
Au sein du néant, tout s'enfuit.

Dieu de bonté,
O sagesse éternelle !
La vérité ,
La justice immortelle,
Forment ton trône et ta cité.

Dieu, mon Sauveur !
J'ai foi dans ta puissance.
Règne en mon cœur,
Eternelle espérance ,
Et guide-moi vers le bonheur.

L'ASSOMPTION DE MARIE.

Paroles tirées d'un cantique allemand; musique de Rinf,
p. 51.

Anges des cieux, chantez le jour
Où notre Mère
Quitta la terre
Pour l'éternel séjour,
Et chantez en chœur,
De la Vierge Marie,

La gloire et la grandeur.
Notre Mère chérie
Monte au trône du Seigneur,
Et chantez en chœur,
De la Vierge Marie,
La gloire et la grandeur.
Notre Mère chérie   (*bis.*)
Monte au trône du Seigneur.

Ah ! quel triomphe, à son aspect,
La foule sainte
Tremble de crainte
D'amour et de respect ;
Et le Créateur,
D'un brillant diadème
A ceint le front vainqueur
De la Vierge Marie,
De la Mère du Sauveur ;
Et le Créateur,
D'un brillant diadème,
A ceint le front vainqueur
De la Vierge qu'il aime,   (*bis.*)
De la Mère du Sauveur.

Chrétiens zélés, mèlez vos chants
A cet hommage,
Et d'âge en âge,
Protégeant vos enfants,
Du plus haut des cieux,
Veillera sur la France
Le regard radieux,
Le regard de clémence
De Marie au cœur pieux.
Du plus haut des cieux,
Veillera sur la France,
Le regard radieux
Le regard de clémence,   (*bis.*)
De Marie au cœur pieux.

Cinquième semaine.

LA CRÉATION.

Paroles tirées d'un cantique allemand ; musique de
Harder, p. 19.

Au sein de l'ombre et du mystère,
Le globe entier gisait sans bruit :
Dieu dit : Apparaissez lumière !
  Et le premier jour luit.
    Surprise et charmée,
    La céleste cour
    Remplit l'empyrée
    De ses chants d'amour.

Dieu' dit : au sein des noirs abîmes
Le flot s'élance en mugissant ;
Puis les rochers montrent leurs cîmes,
  La terre au loin s'étend.
    Qu'elle est noble et belle,
    Votre œuvre, Seigneur !
    O troupe immortelle !
    Redis sa grandeur.

Il dit : de fleurs le sol se couvre,
Et les poissons peuplent les mers ;
Puis de la terre qui s'entr'ouvre
  L'oiseau part dans les airs.
    La biche innocente
      Prend ses ébats ;
    La panthère ardente
    S'élance aux combats.

Dieu Dit : Faisons à notre image
Un être au bonheur destiné.
Soudain, pour couronner l'ouvrage,
  A sa voix l'homme est né.
    L'homme est un mystère
    Que Dieu seul connaît ;

D'esprit, de matière,
Son être fut fait.
Dieu, voyant l'œuvre terminée,
Et contemplant tous ses travaux,
Bénit la septième journée,
Qu'il consacre au repos.
Salut, jour de gloire,
Jour du Créateur !
O jour de victoire !
Rends-nous le bonheur.

GLOIRE DE MARIE.

Paroles tirées d'un cantique allemand ; musique de
Glaser, p. 44.

Notre Mère a fui loin de nous,
D'amour consumée
Son âme attristée,
O Jésus ! soupirait vers vous ;
Et voici qu'elle est rappelée
Dans le séjour du bonheur ;
Gloire à la Mère du Sauveur !
Reine de paix et de bonté,
Du fond de l'abîme,
Ton trône sublime
Nous paraît brillant de clarté ;
Et ta gloire en nos cœurs imprime
L'espoir du jour bienheureux
Où pour nous s'ouvriront les cieux.
Gloire au Père, au Fils adoré !
Gloire à vous, Marie,
O Vierge bénie !
Par qui Jésus nous fut donné.
Esprit saint ! ta gloire infinie
Sur nos âmes règnera,
Puis jusqu'au ciel nous guidera.

QUATRIÈME PARTIE.

COURS D'INSTRUCTIONS.

Ces cantiques peuvent être chantés dans les réunions d'hommes et aux catéchismes.

INVOCATION AU SAINT-ESPRIT.

Paroles tirées d'un cantique allemand ; choral de
Breidenstein, p. 42.

Esprit saint, descendez en nous,
Esprit d'intelligence !
Que dans nos cœurs
Vos feux si doux
Attestent la présence
Du pur amour qui vient de vous.

O vous, Esprit consolateur,
Exaucez ces prières !
Adoucissez notre douleur.
Que vos saintes lumières
Nous guident tous vers le bonheur.

Venez, venez, Esprit d'amour
Et notre seule gloire !
Oui, le combat de chaque jour
Apporte la victoire
A qui vous chérit sans détour.

Venez, venez du haut des cieux,
Esprit saint, notre flamme !
O vous, l'espoir des malheureux,
Descendez dans mon âme,
Embrasez-la de tous vos feux !

LA VÉRITÉ.

Paroles tirées d'un cantique allemand ; musique de Braün, p. 12.

Honneur à la vérité,
C'est le pain même de l'âme :
Sa céleste majesté
Grandit le cœur et l'enflamme.
Chrétien, sans craindre le blâme,
Sois fidèle à sa beauté.

Jamais ne laisse en ton cœur
Entrer l'astuce et la ruse,
Car, sous leur poison vainqueur,
Bientôt la probité s'use ;
Et la fourbe qui t'amuse,
Bientôt détruit ton bonheur.

Vérité, brillant flambeau,
Du cœur couronne royale,
O des sceptres le plus beau !
Oui, ta beauté sans égale
A tous les regards étale
Un éclat toujours nouveau.

Vérité, sois mon rempart ;
Au serment rends-moi fidèle ;
Fais-moi marcher, sans retard,
Partout où l'honneur m'appelle,
Vérité toujours plus belle,
Plus tu frappes mon regard,

Guide-moi vers le bonheur,
Loi d'amour et de sagesse.
A toi je livre mon cœur.....
Viens soutenir ma faiblesse ;
Fais-moi chérir la tendresse
De mon immortel auteur.

CONFIANCE EN N.-S. JÉSUS-CHRIST.

Paroles tirées d'un cantique allemand ; musique de
Jakob, p. 1.

Bien loin de la terre,
Jésus notre Père
Siége radieux.
Pour prix de son zèle,
Le chrétien fidèle
Va le retrouver aux cieux.

O Dieu ! quand je prie,
Ma voix qui supplie
Monte jusqu'à toi :
Quand je te confesse
Quelle est ma faiblesse,
Ta bonté descend vers moi.

D'un jour sans nuage
Je vois le présage,
Dieu, dans ta faveur,
De ta gloire immense,
J'en ai l'assurance,
Tu m'ouvriras la splendeur.

LOUANGES A DIEU.

Paroles tirées d'un cantique allemand ; musique de
Schnabel, p. 6.

Vos bienfaits, ô notre Père !
Charment tous les cœurs.
Que nos voix au loin sur terre
Chantent vos faveurs.

Un tendre attrait nous engage
A vous adorer,
A vous aimer sans partage,
Pour nous relever.

O douceur de l'innocence !
Vous nous appelez,
Et les pleurs de la souffrance,
Vous les essuyez.

GRANDEUR DE DIEU.

Paroles tirées d'un cantique allemand ; musique de
Breidenstein, p. 21.

Dieu seul est grand,
Célébrons sa puissance :
Seul il répand,
Dans sa munificence,
Ses dons que partout l'homme attend.

Dieu veut et dit...
Soudain naissent les mondes !
Mais, s'il maudit.....
Cieux, astres, mer profonde,
Au sein du néant, tout s'enfuit.

Dieu de bonté,
O Sagesse éternelle !
La vérité,
La justice immortelle,
Forment ton trône et ta cité.

Dieu, mon Sauveur !
J'ai foi dans ta puissance.
Règne en mon cœur,
Éternelle espérance,
Et guide-moi vers le bonheur.

NOTRE PÈRE.

Paroles tirées d'un cantique allemand ; musique de
Nageli, p. 23.

Du haut du ciel, ô notre Père !
Daignez entendre la prière

De vos enfants
Reconnaissants.

Ah ! que chacun vous obéisse,
Et qu'en tout lieu l'on vous bénisse
    Du fond du cœur,
    O Créateur !

Seigneur, que votre règne arrive,
O vous de qui tout bien dérive,
    Dieu de bonté,
    De vérité !

Que votre pardon récompense
Celui qui, pardonnant l'offense,
    Sait oublier,
    Vous imiter.

Rendez notre sueur féconde,
A vos enfants, ô Dieu du monde !
    Donnez le pain
    Quotidien.

Ah ! protégez notre faiblesse
Contre le péché qui l'oppresse ;
    Puis, près de vous,
    Appelez-nous.

INVOCATION A DIEU.

Paroles tirées d'un cantique allemand ; musique de
Breidenstein, p. 27.

Êtres créés, chantez le Créateur,
Chantez de Dieu la gloire et la grandeur.
        Amour divin,
    Viens, ô brûlante flamme !
        Viens en mon âme
        Régner sans fin.
    Amour divin, etc.   (bis.)

O mon Sauveur !
D'où vient toute sagesse,
Ta sainte ivresse
Remplit mon cœur.
O mon Sauveur ! etc.   (*bis.*)

Astres divers
Que Dieu seul a fait naître,
Chantez le Maître
De l'univers.
Astres divers, etc.   (*bis.*)

PRIÈRE DE LA FAMILLE.

Paroles tirées d'un cantique allemand ; musique de Braün,
p. 9.

Exauce la prière
De tes enfants soumis.
A tes genoux, bon Père,
Nous voici réunis.

O toi qui partout règne,
Sur la terre et les cieux,
Fais que partout l'on craigne
Ton nom victorieux.

Fais-nous de notre enfance
Conserver la candeur ;
Conduis notre espérance
Vers l'éternel bonheur.

INVOCATION AU SAINT-ESPRIT.

Paroles tirées d'un cantique allemand ; musique de Braün,
p. 8.

Demeure en nous, grâce de Jésus-Christ,
Grâce de Dieu le Père,
Éclaire-nous toujours, ô saint-Esprit,
Telle est notre prière.

CINQUIEME PARTIE.

—

BÉNÉDICTIONS AVEC LE SAINT CIBOIRE.

Il est important que l'on chante successivement à ces saluts moins solennels, les belles prières de l'office du Saint-Sacrement et les antiennes si touchantes à la sainte Vierge, qui sont dans tous les livres d'offices, indispensables aux pieux fidèles.

———

HYMNE AU SAINT-SACREMENT.

Ave, verum corpus natum
De Maria virgine ;
Vere passum, immolatum
In cruce pro homine ;
   Cujus latus perforatum
Fluxit aqua et sanguine.
Esto nobis prægustatum
Mortis in examine.

   O Jesu dulcis !
O Jesu pie !
O Jesu fili Mariæ !
Tu nobis miserere. Amen.

℣. Panem de cœlo præstitisti eis.
℟. Omne delectamentum in se habentem.

Oremus.

Deus, qui nobis sub sacramento mirabili passionis tuæ memoriam reliquisti, tribue, quæsumus, ita nos corporis et sanguinis tui sacra mysteria venerari, ut redemptionis tuæ fructum in nobis jugiter sentiamus; qui vivis et regnas, Deus. Amen.

HYMNE A LA SAINTE VIERGE.

Monstra te esse matrem :
Sumat per te preces,
Qui pro nobis natus
Tulit esse tuus.
     Amen.

℣ Ora pro nobis, sancta Dei Genitrix,
℟ Ut digni efficiamur promissionibus Christi.

Oremus.

Concede, misericors Deus, fragilitati nostræ præsidium, ut, qui sanctæ Dei Genitricis memoriam agimus, intercessionis ejus auxilio à nostris iniquitatibus resurgamus : Per eumdem Dominum nostrum Jesum Christum filium tuum qui tecum vivit et regnat in unitate Spiritûs Sancti, Deus, per omnia secula sæculorum. Amen.

℣ Dominus vobiscum.
℟ Et cum spiritu tuo.
℣ Benedicamus Domino.
℟ Deo gratias.
℣ Et fidelium animæ per misericordiam Dei requiescant in pace.
℟ Amen.

HYMNE AU SAINT-SACREMENT.

O salutaris Hostia,
Quæ cœli pandis ostium,
Bella premunt hostilia ;
Da robur, fer auxilium.

(*Verset et Oraison ci-dessus*, page 54.)

ANTIENNE A LA SAINTE VIERGE.

Sub tuum præsidium confugimus, sancta Dei Genitrix, nostras deprecationes ne despicias in necessitatibus nostris, sed a periculis cunctis libera nos semper Virgo gloriosa et benedicta.

℣. Ora pro nobis, sancta Dei Genitrix,
℟. Ut digni efficiamur promissionibus Christi.

Oremus.

Famulorum tuorum, quæsumus, Domine, delictis ignosce ut qui tibi placere de actibus nostris non valemus, Genitricis tuæ auxilio a nostris iniquitatibus resurgamus. Per Dominum nostrum Jesum Christum, etc.

Avant la bénédiction.

AMENDE HONORABLE AU TRÈS-SAINT SACREMENT.

Divin Sauveur de nos âmes, qui avez bien voulu nous laisser votre précieux corps et votre précieux sang dans le très-saint Sacrement de l'autel; je vous y adore avec un profond respect ; je vous remercie très-humblement de toutes les grâces que vous nous y faites; et comme vous êtes la source de toutes les bénédictions, je vous conjure de les répandre aujourd'hui sur moi et sur ceux et celles pour lesquels j'ai intention de vous prier.

Mais afin que rien n'arrête le cours de ces bénédictions, ôtez de mon cœur tout ce qui vous déplaît, ô mon Dieu, pardonnez-moi mes péchés, je les déteste sincèrement pour l'amour de vous ; purifiez mon cœur, sanctifiez mon âme : bénissez-moi, mon Dieu, d'une bénédiction semblable à celle que vous donnâtes à vos disciples en les quittant pour monter au ciel. Bénissez-moi d'une bénédiction qui me change, qui me consacre, et qui m'unisse parfaitement à vous ; qui me remplisse de votre esprit, et qui me soit dès cette vie un gage assuré de la bénédiction que vous préparez à vos élus. Je vous la demande au nom du Père, et du Fils, et du Saint-Esprit.

Ainsi soit-il.

Après la bénédiction.

Adoremus in æternum sanctissimum sacramentum. — *On répète :* Adoremus, etc.

Laudate Dominum omnes gentes, laudate eum omnes populi. — Adoremus, etc.

Quoniam confirmata est super nos misericordia ejus ; et veritas Domini manet in æternum. — Adoremus, etc.

Gloria Patri, etc. — Adoremus, etc.

Sicut erat, etc. — Adoremus, etc.

APPENDICE.

—

Acte de consécration au sacré Cœur de Jésus,

Après la dernière oraison.

LOUANGES AU CŒUR DE N.-S. JÉSUS-CHRIST.

Paroles de *** ; musique de ***, p. 65.

D'un Dieu plongé dans la tristesse,
Mortel, écoute les accents :
Je t'aime, hélas ! et ma tendresse
S'exhale en soupirs impuissants :
Enfant ingrat, cœur inflexible,
Mais toujours si cher à mon cœur,
Seras-tu toujours insensible
A mon amour, à ma douleur ?

Non, non, consolez-vous, Seigneur ;
De votre cœur blessé la voix attendrissante,
Dans ces jours d'opprobre et d'erreur,
Après tant de combats est enfin triomphante.

Triomphez donc, Cœur de Jésus !
Mon cœur est enchaîné, il est votre victoire :
Triomphez donc, Cœur de Jésus !
Vous serez à la fois mon amour et ma gloire.

Il nous invite, il nous appelle,
Nous captive par ses bienfaits ;
Ah ! qui de nous encore rebelle
Ferme le cœur à tant d'attraits !
En vous, Cœur mille fois aimable,
Notre âme a trouvé le repos,
Et le bonheur seul véritable
Dans vos charmes toujours nouveaux.

La paix au sein de tous les maux,
Du cœur qui vous honore est l'heureux apanage,
Votre amour charme les travaux
Et les tristes ennuis d'un long pélerinage.
Triomphez donc, etc.

Avant la bénédiction.

ACTE DE CONSÉCRATION AU SACRÉ CŒUR DE JÉSUS.

O Cœur adorable de Jésus, le plus tendre, le plus aimable, le plus généreux de tous les cœurs; pénétré de reconnaissance et de douleur à la vue de vos bienfaits et de l'ingratitude des hommes, je viens me consacrer à vous sans réserve et sans retour; je viens me dévouer comme une victime, chargée de mes péchés et de ceux de mes frères. Je veux les expier à force de pénitence et de ferveur, afin de consoler votre amour et de réparer votre gloire. Je veux employer ma vie à propager votre culte et à vous gagner, s'il se peut, tous les cœurs. Vous serez désormais mon refuge dans mes peines, ma lumière, mon espérance, ma force, ma consolation, mon tout. C'est à vous et par vous que j'offrirai mes actions, mes prières et mes larmes; ce seront vos exemples et vos maximes qui règleront ma conduite; en les suivant, je marcherai toujours dans les sentiers de la justice et de la paix.

Recevez donc mon cœur, ô Jésus! ou plutôt prenez-le vous-même, changez-le pour le rendre digne de vous; rendez-le humble, doux, pénitent et généreux comme le vôtre, en l'embrasant de votre amour. Cachez-le dans votre Cœur en l'unissant au Cœur immaculé de Marie, et à ceux de tous les Associés, afin que je ne le reprenne jamais. Ah! plutôt mourir que de jamais offenser ou contrister votre Cœur adorable; mais qu'à la vie, à la mort, à l'éternité, je sois tout à son amour. Ainsi soit-il.

Après la bénédiction.

ACTIONS DE GRACES.

Paroles de ***; musique de Monpou, p. 67.

Cœur de Jésus, Cœur embrasé d'amour,
De tes transports fais tressaillir mon âme :
Puisse mon cœur d'une si belle flamme
Se consumer et mourir en ce jour !

O divin Cœur, source des vrais plaisirs,
Tant que mon sang coulera dans mes veines,
Ton pur amour embellira mes peines,
Et tes plaisirs charmeront mes loisirs.

Oui, sur mon front une couronne d'or
Me plairait moins que ta douce présence ;
Hôte divin, appui de l'innocence,
Où trouverais-je un plus riche trésor ?

Autour de toi, si les vertus en pleurs
Ont si longtemps invoqué ta clémence ,
Quel plus beau jour pour la reconnaissance ,
Quand ton amour unira tous les cœurs !

Acte de consécration à la sainte Vierge.

Après la dernière oraison.

ACTE DE CONSÉCRATION A MARIE.

Paroles de ***; musique de ***, p. 69.

Mère de Dieu, quelle magnificence
Orne aujourd'hui ton aimable séjour !
C'est en ce lieu qu'à tes pieds mon enfance
Vint autrefois te vouer mon amour.

>   Tendre Marie !
>   O mon bonheur !
>   Toujours chérie,
>   Tu vivras dans mon cœur.

O mon refuge ! ô ma Reine ! ô ma Mère !
Combien sur moi tu versas de bienfaits !
Combien de fois, dans ce doux sanctuaire,
Mon triste cœur a retrouvé la paix. (Tendre, etc.)

Mon œil à peine avait vu la lumière,
Et ton amour veillait sur mon berceau ;
Tous mes instants, ô mon aimable Mère !
Furent marqués par un bienfait nouveau. (Tendre.)

Anges, soyez témoins de ma promesse ;
Cieux, écoutez ce serment solennel :
« Oui, c'en est fait, mon cœur plein de tendresse
« Jure à Marie un amour éternel. » (Tendre, etc.)

Si je pouvais, infidèle et volage,
Un seul instant cesser de te chérir,
Tranche mes jours à la fleur de mon âge ;
Je t'en conjure, ah ! laisse-moi mourir. (Tendre.)

Avant la bénédiction.

ACTE DE CONSÉCRATION A LA SAINTE VIERGE.

Auguste reine du ciel, je me prosterne devant vous, pour vous adresser les profonds hommages que je vous dois, comme à la mère de mon Dieu. Pénétré d'une reconnaissance filiale, je vous rends ici de solennelles actions de grâces pour tous les bienfaits que vous m'avez obtenus du Ciel, et me consacre, ô Vierge sainte, à votre service.

Je prends la résolution de dire chaque semaine, en votre honneur, la couronne du Saint-Rosaire, qui me rappelle les mystères de votre divin Fils, vos grandeurs et vos vertus. Par combien de bienfaits signalés n'avez-vous pas, en tout temps, récompensé vos serviteurs fidèles à le réciter? Je me propose de vous honorer par mon zèle pour votre gloire, par mon assiduité aux offices de la paroisse, par la sainte et fréquente réception des divins sacrements. Avec le secours de votre protection, que je réclame, ô Marie, je veux imiter vos vertus, votre humilité, votre foi, votre espérance, votre charité, votre vigilance et votre ferveur dans la prière ; je ne m'écarterai jamais des saintes règles de la modestie et de cette pureté qui rend semblable aux anges. C'est par la pratique de ces vertus que je me montrerai votre enfant, comme j'éprouverai, ô Marie, par les effets sensibles de votre généreuse tendresse, que vous êtes ma mère.

Agréez, ô aimable Mère, l'humble hommage de ma consécration. Intercédez pour moi, vous qui pouvez tout auprès de Notre-Seigneur Jésus-Christ. Obtenez-moi, Vierge très-pure, une parfaite réconciliation avec Dieu, le don de la persévérance finale et la fidélité aux saintes résolutions que je forme au pied du trône de votre clémence, et que j'accomplirai sous vos auspices.

Après la bénédiction.

PROMESSE DE FIDÉLITÉ A MARIE.

Paroles de ***; musique de Neukomm, p. 70.

Vous en êtes témoins, Anges du sanctuaire,
De la Mère d'un Dieu nous sommes les enfants ;
C'en est fait, et Marie a reçu nos serments :
Honneur, respect, amour à notre auguste Mère !

Oui, nous l'avons juré, nous sommes ses enfants,
L'amour est de nos cœurs le vœu le plus sincère ;
Que la terre et les cieux redisent nos serments :
Guerre au monde, à Satan, amour à notre Mère.

Si, parjure à mes vœux, je te quitte, ô Marie!
Que ma langue à l'instant s'attache à mon palais;
Que ma droite séchée atteste pour jamais
Aux yeux du monde entier ma lâche perfidie.

Oui, nous l'avons juré, etc.

De puissants ennemis nous déclarent la guerre;
Je sens mon cœur frémir à l'aspect des combats :
Soutiens-nous, ô Marie! à nos débiles bras
Daigne ajouter l'appui de ton bras tutélaire.

Oui, nous, etc.

Si, pour nous enchaîner, des faux biens de la vie,
Le monde offre à nos yeux les attraits imposteurs,
Disons-lui, repoussant ses funestes douceurs :
Mon cœur n'est plus à moi, mon cœur est à Marie!

Oui, nous, etc.

Ainsi, toujours vainqueurs, dans une paix profonde,
Nous goûterons, des saints, les plaisirs ravissants :
Toujours nous foulerons sous nos pieds triomphants
Les pompes de Satan, les vains plaisirs du monde.

Oui, nous, etc.

Petites Vêpres de la Sainte Vierge.

Deus, in adjutorium meum intende.
Domine, ad adjuvandum me festina.
Gloria Patri et Filio et Spiritui Sancto, sicut erat in principio, et nunc, et semper, et in sæcula sæculorum. Amen. Alleluia.

Psaume 109.

Dixit Dominus Domino meo : Sede à dextris meis.

Donec ponam inimicos tuos : scabellum pedum tuorum.

Virgam virtutis tuæ emittet Dominus ex Sion : dominare in medio inimicorum tuorum.

Tecum principium in die virtutis tuæ, in splendoribus sanctorum : ex utero ante luciferum genui te.

Juravit Dominus, et non pœnitebet eum : tu es Sacerdos in æternum secundum ordinem Melchisedech.

Dominus à dextris tuis : confregit in die iræ suæ reges.

Judicabit in nationibus, implebit ruinas : conquassabit capita in terrâ multorum.

De torrente in viâ bibet : propterea exaltabit caput.

Gloria Patri, etc.

Psaume 112.

Laudate, pueri, Dominum : laudate nomen Domini.

Sit nomen Domini benedictum : ex hoc nunc et usque in sæculum.

A solis ortu usque ad occasum : laudabile nomen Domini.

Excelsus super omnes gentes Dominus : et super cœlos gloria ejus.

Quis sicut Dominus Deus noster, qui in altis habitat : et humilia respicit in cœlo et in terrâ.

Suscitans a terrâ inopem : et de stercore erigens pauperem.

Ut collocet eum cum principibus : cum principibus populi sui.

Qui habitare facit sterilem in domo : matrem filiorum lætantem.

Gloria Patri, etc.

Psaume 116.

Laudate Dominum, omnes gentes : laudate eum, omnes populi.

Quoniam confirmata est super nos misericordia ejus : et veritas Domini manet in æternum.

Gloria Patri, etc.

Capitule.

Benedictus Deus, et pater Domini nostri Jesu-Christi, qui benedixit nos in omni benedictione spirituali, in cœlestibus in Christo, sicut elegit nos in ipso ante mundi constitutionem, ut essemus sancti et immaculati in conspectu ejus in caritate.

Deo gratias.

Hymne.

Ave, maris Stella,
Dei mater alma,
Atque semper Virgo,
Felix cœli porta.
Amen.

℣ Ora pro nobis, sancta Dei Genitrix,
℟ Ut digni efficiamur promissionibus Christi.

Cantique de la sainte Vierge.

Magnificat : anima mea Dominum,

Et exultavit spiritus meus : in Deo salutari meo :

Quia respexit humilitatem ancillæ suæ : ecce enim ex hoc beatam me dicent omnes generationes.

Quia fecit mihi magna qui potens est : et sanctum nomen ejus :

Et misericordia ejus a progenie in progenies : timentibus eum.

Fecit potentiam in brachio suo : dispersit superbos mente cordis tui.

Deposuit potentes de sede : et exaltavit humiles.

Esurientes implevit bonis : et divites dimisit inanes.

Suscepit Israël puerum suum : recordatus misericordiæ suæ.

Sicut locutus est ad patres nostros : Abraham et semini ejus in sæcula.

Gloria Patri, etc.

Oremus.

Concede, misericors Deus, fragilitati nostræ præsidium, ut, qui sanctæ Dei Genitricis memoriam agimus, intercessionis ejus auxilio à nostris iniquitatibus résurgamus : Per eumdem Dominum nostrum Jesum Christum filium tuum qui tecum vivit et regnat in unitate Spiritùs Sancti, Deus, per omnia sæcula sæculorum. Amen.

℣ Dominus vobiscum.

℟ Et cum spiritu tuo.

℣ Benedicamus Domino.

℟ Deo gratias.

Litanies de la sainte Vierge.

KYRIE, eleison.
Christe, eleison.
Kyrie, eleison.
Christe, audi nos.
Christe exaudi nos.
Pater de cœlis, Deus,   miserere nobis.
Fili Redemptor mundi, Deus,   mis.
Spiritus Sancte, Deus,   mis.
Sancta Trinitas, unus Deus,   mis.
Sancta Maria,   ora pro nobis.
Sancta Dei Genitrix,
Sancta Virgo Virginum,
Mater Christi,
Mater divinæ gratiæ,
Mater purissima,
Mater castissima,
Mater inviolata,
Mater intemerata,
Mater amabilis,
Mater admirabilis,
Mater Creatoris,
Mater Salvatoris,
Virgo prudentissima,
Virgo veneranda,
Virgo prædicanda,
Virgo potens,
Virgo clemens,
Virgo fidelis,
Speculum justitiæ,
Sedes sapientiæ,
Causa nostræ lætitiæ,
Vas spirituale,
Vas honorabile,
Vas insigne devotionis,
Rosa mystica,

Turris davidica,
Turris eburnea,
Domus aurea,
Fœderis arca,
Janua cœli,
Stella matutina,
Salus infirmorum,
Refugium peccatorum,
Consolatrix afflictorum,
Auxilium Christianorum,
Regina Angelorum,
Regina Patriarcharum,
Regina Prophetarum,
Regina Apostolorum,
Regina Martyrum,
Regina Confessorum,
Regina Virginum,
Regina Sanctorum omnium,
Regina sacratissimi Rosarii,

ora pro nobis.

Agnus Dei, qui tollis peccata mundi, parce nobis, Domine.

Agnus Dei, qui tollis peccata mundi, exaudi nos, Domine.

Agnus Dei, qui tollis peccata mundi, miserere nobis.

℣. Ora pro nobis, sancta Dei Genitrix,

℟. Ut digni efficiamur promissionibus Christi.

Oremus

DEUS cujus Unigenitus per vitam, Crucem et Resurrectionem in nostræ carnis substantiâ, nobis salutis æternæ præmia comparavit : da famulis tuis hæc omnia per sanctum Rosarium recensentibus, imitari quod gessit, sentire quæ pertulit, et assequi quod promisit. Per eumdem Dominum nostrum Jesum Christum, etc. ℟. Amen.

Complainte de la Sainte Vierge.

Stabat Mater dolorosa
Juxta crucem lacrymosa,
  Dùm pendebat Filius.

Cujus animam gementem,
Contristantem et dolentem,
  Pertransivit gladius.

O quam tristis et afflicta
Fuit illa benedicta
  Mater Unigeniti!

Quæ mœrebat et dolebat,
Et tremebat, cùm videbat
  Nati pœnas inclyti!

Quis est homo qui non fleret,
Christi Matrem si videret
  In tanto supplicio!

Quis posset non contristari
Piam Matrem contemplari,
  Dolentem cum Filio!

Pro peccatis suæ gentis,
Vidit Jesum in tormentis,
  Et flagellis subditum.

Vidit suum dulcem Natum
Morientem, desolatum,
  Dùm emisit spiritum.

Eia, Mater, fons amoris,
Me sentire vim doloris;
  Fac ut tecum lugeam.

Fac ut ardeat cor meum
In amando Christum Deum,
  Ut sibi complaceam.

Sancta Mater, istud agas,
Crucifixi fige plagas
　　Cordi meo validè.

Tui Nati vulnerati,
Jam dignati pro me pati,
　　Pœnas mecum divide.

Fac me verè tecum flere,
Crucifixo condolere,
　　Donec ego vixero.

Juxta Crucem tecum stare,
Te libenter sociare,
　　In planctu desidero.

Virgo Virginum præclara,
Mihi jam non sis amara;
　　Fac me tecum plangere.

Fac ut portem Christi mortem,
Passionis ejus sortem
　　Et plagas recolere.

Fac me plagis vulnerari,
Cruce hàc inebriari,
　　Ob amorem Filii.

Inflammatus et accensus,
Per te, Virgo, sim defensus
　　In die judicii.

Fac me cruce custodiri,
Morte Christi præmuniri,
　　Confoveri gratià.

Quandò corpus morietur,
Fac ut animæ donetur
　　Paradisi gloria.
　　　　Amen.

TABLE.

PREMIÈRE PARTIE. — Messes.
Messes des Dimanches.................................... 5
Messes des Fêtes 8

DEUXIÈME PARTIE. — Exercices du soir.
Avent.. 12
Noël... 16
Épiphanie.. 19
Septuagésime... 21
Carême... 23
Passion.. 23
Pâques... 27
Pentecôte.. 29
Fête-Dieu et Sacré-Cœur................................ 31
Assomption et Rosaire.................................. 34
Du Rosaire à l'Avent................................... 37

TROISIÈME PARTIE. — Mois de Marie.
Première semaine....................................... 39
Deuxième semaine....................................... 41
Troisième semaine...................................... 42
Quatrième semaine...................................... 44
Cinquième semaine...................................... 46

QUATRIÈME PARTIE. — Cours d'instructions.
CINQUIÈME PARTIE.—Bénédictions avec le saint Ciboire.
Ave Verum.. 54
Monstra te esse matrem................................. 55
O Salutaris hostia..................................... 55
Sub tuum præsidium..................................... 56
Amende honorable au Saint-Sacrement.................... 56
Laudate Dominum.. 57

APPENDICE.
Acte de Consécration au Sacré Cœur de Jésus............ 58
Acte de Consécration à la Sainte Vierge................ 60
Petites Vêpres de la Sainte Vierge..................... 64
Magnificat... 66
Litanies de la Sainte Vierge........................... 67
Stabat Mater dolorosa.................................. 69

TABLE ALPHABÉTIQUE DES CANTIQUES.

Agneau de Dieu, Jésus la douceur même.................. 8
Anges des cieux, chantez le jour....................... 34
Au sein de l'ombre et du mystère....................... 13

Au sein des flammes dévorantes..... 23
Au Tout-Puissant louange, honneur.. 18
Aux douceurs de l'espérance..... 28
Bienheureuse est la mort sainte..... 24
Bien loin de la terre..... 11
Celui dont la puissance..... 15
Chrétiens, célébrons le jour..... 17
Cœur de Jésus, cœur embrasé d'amour..... 59
Combien vite il s'écoule..... 9
De Dieu l'éternelle sagesse..... 21
Demeure en nous, grâce de Jésus-Christ..... 8
Dieu de gloire..... 41
Dieu seul est grand..... 44
Dieu tout-puissant, nous te prions..... 42
Du haut du ciel, ô notre Père..... 10
D'un Dieu plongé dans la tristesse..... 32
Esprit Saint descendez en nous..... 48
Etres créés, chantez le Créateur..... 29
Exauce la prière..... 53
Gloire, gloire, gloire au Saint-Esprit..... 30
Honneur à la vérité..... 30
Lentement l'ombre s'abaisse..... 20
Livre, chrétien, livre à la terre..... 23
Mortel, que l'honneur te conseille..... 38
Mère de Dieu, quelle magnificence..... 59
Notre Mère a fui loin de nous..... 36
Notre Père qui dans les cieux règne..... 37
O Vierge Marie..... 9
O Vierge sainte, ô notre Mère..... 6
O sainte Mère..... 16
Par le chant, l'harmonie..... 0
Quelle est donc cette aurore nouvelle..... 4
Reine des cieux, ô notre Mère..... 27
Sais-tu combien d'astres brillent..... 19
Salut, à vous, ô Vierge aimable..... 19
Salut, jour béni..... 5
Seigneur, rien ne surpasse..... 6
Tout à l'âme pure..... 39
Vers vous, ô Dieu, mon cœur soupire..... 26
Vers vous, Seigneur, monte un long cri de gloire.. 27
Vos bienfaits, ô notre Père..... 12
Vous en êtes témoin, anges du sanctuaire..... 61